AF339015

## Baron du ROURE DE PAULIN
### Avocat à la Cour d'Appel

# GÉNÉALOGIE
## de la Famille
# du Saulzet

*avec trois illustrations par M. Adrien de La Perrière*

BIBLIOTHÈQUE DE LA " REVUE HÉRALDIQUE "

8, rue Daumier, 8

PARIS (XVI)

1905

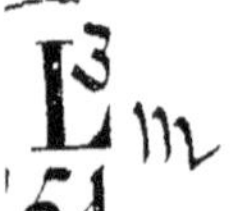

# GÉNÉALOGIE

de la famille

## du Saulzet

Baron du ROURE DE PAULIN

Avocat à la Cour d'Appel

# GÉNÉALOGIE

## de la Famille

## du Saulzet

*avec illustrations par M. Adrien de La Perrière*

BIBLIOTHÈQUE DE LA " REVUE HÉRALDIQUE "

8, rue Daumier, 8

PARIS (XVI)

1905

*A mesdemoiselles Anne-Marie et Marthe Beaufils-Coste,*
*je dédie cette généalogie en souvenir de la famille de Labro,*
*par laquelle j'ai l'honneur de leur appartenir.*

*E. R.*

# GÉNÉALOGIE

## de la Famille du Saulzet

Nous ignorons l'origine de la famille du Saulzet ; quelques personnes ont écrit qu'elle venait du château du Saulzet situé entre Gannat et Saint-Pourçain, en Bourbonnais. Il existe aux Archives Nationales (P 1378² cote 3099) un hommage rendu, au duc de Bourbon par Guillaume du Saulcet, fils de Jean du Saulcet, pour tout ce qu'il tient dans ce duché, copie collationée et signée du 28 juillet 1398. Quoi qu'il en soit nous voyons les du Saulzet établis en Auvergne au château du Saulzet près de Saint-Germain l'Herm dès le commencement du xvᵉ siècle. Ce petit château existe toujours ; mais il est assez délabré et si le Cardinal de Roban, revenait en ce monde, il aurait peine à reconnaître la demeure où il aimait à venir oublier les ennuis de l'exil qu'il subissait dans son abbaye de la Chaise-Dieu.

Le nom de cette famille s'écrit indifféremment Saulzet, Sauzet ou même Saulcet ; mais nous préférons la première orthographe. Ses armes sont de *gueules à quatre petits sautoirs d'or ou flanchis, mis en croix*. Supports deux léopards. Couronne de comte. On peut les voir dans la chapelle du Saulzet qui est à droite en entrant dans la vieille Eglise romane de Saint-Germain l'Herm. A propos de ce blason une légende raconte que la Famille du Saulzet a pris ses armes, parce que quatre frères de cette maison avaient été ensemble à la croisade (1).

En plus des membres indiqués ci-dessous nous devons citer : Jean du Saulzet, damoiseau vivant en 1313, deux damoiselles du Saulzet chanoinesses à Blesle et une autre, chanoinesse à Lavaudieu.

## I

Pierre du Saulzet épousa en 1540 Marie de Longis d'où

## II

Barthelemy du Saulzet, écuyer seigneur de la Suchères (ou Souchère) Il fut archer de la compagnie du Vicomte de Turenne, servit sous Charles IX et assista au siège de la Rochelle en 1579. Il avait épousé le 1er février 1559, Anne de Berny, fille de Jean

(1) Mademoiselle de Guerines voudra bien lire ici l'hommage de notre profonde reconnaissance pour les renseignements qu'elle nous a si aimablement fournis.

écuyer sieur de Berny et de Marguerite de la Rousse, demeurant à Berny paroisse de Saint-Bonnet diocèse de Clermont. Berny porte *de gueules à un sautoir d'or bordé d'azur cantonné de quatre besants du second.*

De cette union issit :

### III

Jean du Saulzet écuyer sieur de la Suchères, cornette des gendarmes et chevau-légers de la Reyne. Il épousa le 6 mars 1590 Marie de la Reynerie, fille de Jean de la Reynerie seigneur dudit lieu y habitant, et de Philiberte du Flocquet de Chaméane (1) la Reynerie porte *d'azur au sautoir d'or* (2).

De cette union est né

### IV

Jean II du Saulzet écuyer sieur de la Suchères, qui servit sous Louis XIII. Il épousa, le 1er mai 1628, Marguerite de Saint-Giron fille de Philippe de Saint-Giron seigneur de Tavernolles et des Astiers et de Catherine de Palladuc.

Saint-Giron porte *de gueules au pal d'or* (3).

Ils eurent quatre enfants :

1 Charles qui suit

2 Melchior-Louis, sacristain à Saint-Germain l'Herm.

3 Jacques.

4 Marie.

### V

Charles du Saulzet chevalier seigneur de la Suchères, est inscrit sur les rôles des gentilshommes de l'Auvergne de 1674 et 1675 (4), et servit au ban d'Auvergne en 1692 Il fut lieute-

(1) Du Flocquet porte : *d'azur à la croix engrelée d'or cantonné au 1 et 4 d'une étoile d'argent ; au 2 et 3 d'une pomme de pin d'or.*
(2) Preuves pour les pages de la petite écurie Tome II p. 76.
(3) Armorial général d'Auvergne Registre Auvergne p. 27.
(4) Notice sur les bans et arrière-bans d'Auvergne par M. de Sartiges d'Angles. Clermont 1868 in-8 p. 128.

nant de mestre de camp. Il épousa le 20 avril 1678 (1) Anne-Marie de Combes fille de Hector de Combes, sieur du Mas et du Fayet et d'Eléonore de Cluzet (2), habitant le Mas paroisse de Sansac diocèse du Puy.

Combes porte de *gueules à un vol d'or et un chef cousu d'azur chargé de trois étoiles d'or*.

Ils eurent deux enfants :

1° Charles qui suit

2° Cosme Marie Damien qui rentra aux Ecoles Militaires (3).

## VI

Charles du Saulzet chevalier sieur de la Suchères servit comme cadet gentilhomme sous Louis XIV. Il épousa Claire de

Cheminades de Lormet fille de Jacques de Cheminades de Lormet, chevalier seigneur de Lormet, d'Aubaron, du Monet, de

---

(1) Dans la généalogie manuscrite du marquis de Pons et dans Bouillet, Charles est appelé Jean III. Le marquis de Pons le fait marier en 1654 et Bouillet en 1656. Nous avons suivi d'Hozier qui donne l'extrait du contrat du mariage.

(2) Cluzet porte *d'azur au chevron d'or accompagné de trois roses de queules*. (Pièces originales 792. N° 7974. Pièce 2. Manuscrits Bibliothèque nationale).

(3) Nouveau d'Hozier tome 306. N. 31526. Manuscrit Bibliothèque Nationale.

Courbières, officier au régiment de Saint-Simon cavalerie et de Louise de la Chassaigne de Sereys (1).

Cheminades porte *de gueules au chien courant d'argent au chef d'or chargé de trois molettes de sable.*

1 Claude qui suit

2 Eléonore épouse le 11 janvier 1687 Antoine de la Rochenegly (2) seigneur de Pontgilbert et de Larveilhe fils de Louis et de Jeanne de Myet.

3 Le sieur du Saulzet capitaine au régiment de Navarre mort d'une blessure reçue au siège de Prague en 1742 (3).

4 François du Saulzet qui fonda la branche B.

## VII

Claude (4) comte du Saulzet épousa en 1724 Marguerite d'Humières de Montarnal, fille de François d'Humières cheva-

(1) La Chassaigne porte : *d'azur au dauphin d'or en bande accompagné de cinq étoiles en orle, écartelé d'or à l'aigle éployée de sable, à la bordure d'azur chargée de dix fleurs de lys d'or.* Supports deux lions. Devise. Unguibus et rostro. (Preuves chapitrales de la Chassaigne de Sereys. par E. Grellet de le Deyte ; le Puy in-8.)

(2) La Rochenégly *d'argent à l'aigle perchée sur un mont de sable.* La Roque, Armorial du Languedoc-Montpellier 1858. T. I. p. 437.

(3) Louis Paris : d'Hozier l'impôt du sang. Paris 1884. T III 2ᵉ partie page 326.

(4) Pour ces six degrés voir : la Généalogie manuscrite dressée par le marquis de Pons. Original chez le comte du Roure de Paulin ; Bouillet Nobiliaire d'Auvergne 1848. T. II, p. 178-79.

lier seigneur de Montarnal, ou Montamat capitaine de cavalerie et de Marie de Gourlat.

D'Humières porte *d'or à l'arbre de sinople au pied duquel passe une levrette d'argent, écartelé d'argent à trois bandes de sable.* Supports deux griffons, couronne de comte.

Ils eurent :

1 Catherine du Saulzet née en 1740 qui épousa le 11 juin 1765 Guillaume de Labro comte de Montagnac (1) capitaine au régiment de Larochefoucault cavalerie fils de François de Labro seigneur de Montrozier, de la Bastide, de Roquenissou, du Moulineau de Montagnac et de Mons et d'Elisabeth Valette ; morte à Brioude le 16 juin 1830 laissant 11 enfants.

2 Jean François Annet né en 1755, mort le 24 août 1838.

3 Marc prêtre docteur en Sorbonne prieur de Saint Etienne de Varesque, chanoine doyen de l'église collégiale de Sainte-Marie-Magdeleine de Verdun, vicaire général du diocèse.

4. Le chevalier du Saulzet.

## *Branche* B.

## VI

Francois du Saulzet seigneur de la Suchères épousa vers 1718, Mademoiselle Vachier de Beaurepaire, qui lui porta le petit château de ce nom près Clermont-Ferrand. Ils avaient une chapelle et un tombeau dans l'église des Carmes.

Vachier de Beaurepaire porte : *d'azur au chevron d'or accompagné de deux roses d'argent, et d'un croissant de même en pointe, au chef chargé d'un lion léopardé de gueules armé et lampassé d'argent.*

De cette union un fils.

## VII

Cosme-Marie-Damien du Saulzet seigneur de la Suchères et de Beaurepaire, qui épousa Mademoiselle Teyras de Granval, fille de

---

(1) Labro : *d'azur au coq perché sur un rocher de neuf coupeaux d'argent au chef cousu de gueule chargé de deux croissants d'or.*
Voir Revue Héraldique Tome xviii p. 29.

Côme-Damien Teyras de Granval commissaire des guerres,et de Gilberte Dalmas (1).

Teyras porte : *d'azur à la croix de Malte d'or cantonnée de quatre besants de même*.

Ils eurent :

1° Claude Roch du Saulzet de Beaurepaire né en 1758,capitaine d'infanterie chevalier de Saint-Louis mort le 24 mai 1817.

2 Cosme Damien qui suit :

## VII

Cosme Damien du Saulzet né le 2 août 1767 à Fournols diocèse de Clermont, reçu le 28 septembre 1783 à l'Ecole des Cadets Gentilshommes où il fut élève d'Effiat et camarade de Napoléon Bonaparte, il sortit le 4 décembre 1785 sous-lieutenant au Régiment-Lyonnais-Infanterie (2), il épousa en 1791 Anne-Marie de Bardonnet, qui blasonnait : *d'azur à trois étoiles d'or en bande cotoyées de deux cotices ondées de même* (3). Il mourut le 7 avril 1821 (4) ayant eu trois filles :

## VIII

1 Marie Bonnet Joséphine du Saulzet, née le 14 octobre 1792 (4) au Château de Buffevent épouse le 2 septembre 1812 Michel Guillaume Chabrier de la Salle né le 22 juin 1790 de Tristan Chabrier de la Salle et de Marguerite Pendraud. (4) Morte le 29 août 1854 au château de Buffevent laissant une fille. (4)

2 Anne Charlotte du Saulzet née le 29 novembre 1797, épouse le 1ᵉʳ septembre 1819 (4) Joseph Charles Sidoine Apollinaire Micolon de Guérines du Bourgnon né le 22 août 1797 à Soleure (Suisse) où sa famille s'était réfugiée pendant la tourmente révolutionnaire, il était fils de Cosme Damien Charles Sidoine Mi-

(1) Dalmas *de gueules au navire d'argent au chef d'azur chargé d'un croissant accoste de deux étoiles,le tout d'argent.*

(2) Saint Allais,Nobiliaire universel T.XII p. 27. T. Yung : Bonaparte et son temps.Paris 1880,Piece XX p. 329, T I.

(3) Vitraux et tableaux chez Mesdemoiselles de Guérines.

(4) Mairie de Saint-Germain-Lembron Puy-de-Dôme.

colon de Guerines, chevalier de Saint Louis et de feue Claudine Paparel de Vitry. (1)

Micolon porte : *d'azur au chevron d'or accompagné en chef de deux étoiles d'argent et d'une merlette de même en pointe.*

3 Colette Joséphine du Saulzet née le 7 avril 1804 (2) morte en nourrice.

(1) Paparel de Vitry : *d azur à trois tours d'or, au chef d'second chargé* *d'un léopard de gueules.*
(2) Mairie de St-Germain-Lembron.

www.ingramcontent.com/pod-product-compliance
Lightning Source LLC
Chambersburg PA
CBHW061236050726
47594CB00009B/3907